바람개비
Weather Vane

지성·감성의 메타언어
조선문학사시인선.952

바람개비
Weather Vane

이원로 시집
The Poetry Collection of Lee Won-Ro

조선문학사

Contents 차례

Prologue 프롤로그
Embrace 포옹 ··· 10

Part I 제1부
Weather Vane 바람개비

Collaborators 공동 작업자 ·························· 14
Target 명중 ·· 16
The Path to Recovery 회복의 경로 ············· 18
Infinite Gliding 무한 활동 ···························· 20
War 전쟁 ·· 22
Orbit 궤도 ·· 24
Weather Vane 바람개비 ································ 26
Heaven and Earth 하늘과 땅 ······················· 28
Bountiful Summer 풍성한 여름 ··················· 30
Projection 투영 ·· 32
A Speck in a Moment 한순간 한점 ············· 34

Part II 제2부
Parallel Universe 평행우주

Practice 실천 ·· 38
Quick Resolution 속전속결 ···················· 40
The Land of Truth 진리의 나라 ············ 42
Probation 집행유예 ································ 44
Just As We Arrived 오듯이 ···················· 46
Incomplete 미완성 ································· 48
Conceit 자만 ·· 50
Unique Language 고유 언어 ·················· 52
The Link 연결고리 ································ 54
Baptism of Fire 불세례 ·························· 56
Parallel Universe 평행우주 ····················· 58

Part III 제3부
Legend 전설

Legend 전설 ································ 62
Just Let the Light In 빛만 들면 돼 ················ 64
Aligning the Time 시간 맞추기 ················ 66
Excuses 변명 ································ 68
Two Old Trees 두 그루 고목 ················ 70
Choice 선택 ································ 72
Heaven's Will 하늘의 뜻 ················ 74
Just Once 단 한 번 ················ 76
Bundle of tears 울음보따리 ················ 78
World of Snowflakes 눈꽃 세상 ················ 80
Vines 덩굴 ································ 82

Part IV 제4부
Spring Breeze 봄바람

Vast and Unknown 까마아득하지 86
Talent 재능 88
Habitual Nature 타성 90
Civil War 내전 92
The Next Sequence 다음 순서 94
In Between 사이사이 96
The Land of Awe 경탄의 나라 98
Time 때 100
Entanglement of Time 시간의 얽힘 102
When Will That Time Come? 그때가 언제이지? ·· 104
Spring Breeze 봄바람 106

Part V 제5부
The Master Key 마스터키

The Path We Take 오가는 길 ······ 110
Entrance 입구 ······ 112
The Ceiling 천장 ······ 114
The Master Key 마스터키 ······ 116
Cycle of Life 자전 주기 ······ 118
Certainty 확신 ······ 120
Repentance 회개 ······ 122
A Sequel 속편 ······ 124
Frozen Foot 멈춘 발 ······ 126
Meeting and Parting 만남과 헤어짐 ······ 128
Blessings 축복 ······ 130

Epilogue 에필로그
Grains of Sand 모래알 ······ 132

Part VI 제6부
A Review of the Poetry Collection
시집 평설

미지에의 신앙과 동경지향의 시미학_조성권 ····· 136

About the Author 글쓴이 ···························· 148

Prologue

Embrace

In the embrace of true freedom,
Where boundaries dissolve and spirits soar,
I find myself utterly captivated,
Amazed by the joy that's liberated.

No longer tethered by external chains,
The soul finds solace in its boundless reign,
Surrendering fully to the moment's embrace,
Where love and liberation interlace.

Overwhelmed by the power to revere,
I'm gifted with wonder, my soul drawing near,
Entrusting all to this sacred domain,
Where miracles blossom, casting away all pain.

Held tightly in this embrace so true,
Where freedom's essence shines anew,
In this sanctuary, my spirit soars,
Forever bound to freedom's shores.

| 프롤로그 |

포옹

진정한 자유에
사로잡히니
놀라운 환희 안에서
자유를 구가하지

완전히 잡혀
그 안에 사니
진수를 깨달아
모두를 바치리

경외의 능력에
사로잡히니
경이의 선물을 받아
모두를 맡기지

기적이 펼쳐지지
온전히 붙들릴 때
진정한 자유의
포옹 속에서

제 1 부
바람개비

Part I
Weather Vane

Collaborators

All wonders,
Great and small,
Echo our heartfelt plea.

Touched by our deepest yearning,
Divine grace descends.
Those graced by answered prayers
Are not passive receivers,
But partners in creation's art.

From above,
A constant call resounds,
For collaborators' hands to join.

공동 작업자

모든 기적은
작건 크건
간구의 응답이지

지극한 소망에 감동해
위에서 내리는 선물이지
간청으로 은혜를 누리는 자
단순한 수혜자가 아닌
충실한 공동 작업자이지

위에서는 끊임없이
기적을 베풀어 주려
공동 작업자를 불러대지

Target

What eyes should seek,
Remains unseen,
While that which should be shunned,
Draws our gaze,
And thus the mark is missed.

To pierce the veil,
Vision must transcend,
Unveiling
Hidden truths.

What ears should welcome,
Meets with doubt,
While that which should be hushed,
Finds eager grasp,
Hindering the aim.

The archer's precision
Aligns with time's embrace.
They speak of seizing moments,
Yet moments seize our fate.

명중

보아야 할 걸
바라보지 않고
안 보아야 할 걸
즐겨 바라보니
명중이 어려우리

너머를 보는
눈이라야
가려진 뒤를
보게 되리

들어야 할 걸
주저하고
안 들어야 할 걸
집착하니
명중이 힘들지

표적의 명중은
천시와 함께하리
때를 잡는다고들 하지만
실은 때가 잡혀주는 거지

The Path to Recovery

Upon gnarled hands, once stiff and cold,
A delicate vibration therapy takes its hold,
Coursing through neural pathways to the brain,
Rekindling circuits lost, a life regained.

The path of recovery is truly astonishing.
Twisted and faded fingers
Regain their flexibility and color.
The original form and function return.
They twist and turn, dreaming of playing the piano.

It's a beautiful coordination of the central and peripheral, achieved through constant mutual longing,
What's severed may not wholly cease to be,
Even if it disappears, it will never truly vanish.

회복의 경로

일그러지고 뻣뻣한 손에
정교한 진동 치료를 하니
신경망을 타고 뇌에 전달돼
잃었던 회로가 다시 개통되지

회복의 경로가 진정 놀랍지
뒤틀리고 빛바랜 손가락이
화색이 돌고 유연해지지
본래 모습과 기능이 돌아와
피아노를 치려고 꿈틀대리

끊임없는 서로의 간구가 이룬
중추와 말초의 아름다운 결합이지
끊긴다고 아주 끊기지 않으리
사라져도 아주 사라지지 않으리

Infinite Gliding

Ascending, we find yet another height,
An endless expanse, ever beyond sight.
Descending, we encounter depths anew,
An infinite below, forever below.

This is to keep us from being trapped,
So we can glide through infinity.

Unfurling the gates of infinitude's vast domain,
We seek to expand our perception's terrain.
Unleashing the symphony of the infinitesimal,
Our minds could not hold on to it.

Granting us boundless pathways,
Empowering us to soar into eternity.

무한 활공

위에 오르니 또 위
한없는 위의 위
아래 닿으면 또 아래
끝없는 아래의 아래

갇히지 않게 하려 서지
무한을 활공케 하려 서지

인식을 열어두려
무한 대를 펼쳐두었지
인식이 못 붙들게
무한 소를 열어두었지

한없는 길을 열어줘
무궁을 활공케 하려 서지

War

The entire world,
Always and everywhere,
Is in the midst of war,
And it keeps turning.

Between countries,
Between groups of people,
Between you and me,
And even within myself.

War is the realization of the urge
To solidify one's position high and wide.
Everyone claims to be a pacifist,
Everyone says they're just weak defenders.

How people can kill each other
In such a beautiful world,
And how they can hide in a peaceful forest
And commit murder so easily.

The war without is really
A war within.
It is a process of expanding
The world beyond bestial instincts.

전쟁

온 세상은
언제 어디서나
전쟁 가운데
돌아가지

국경 사이
집단 사이
너와 나 사이
나와 나 사이

전쟁은 자리를 높이 넓게
굳혀가려는 충동의 실현
모두 평화주의자란다
모두 방어자일 뿐이란다

눈부신 강산에서 어찌
피 흘리기 내기를 하는지
낙원의 숲에 숨어서 어찌
호시탐탐 살육을 자행하는지

밖의 전쟁은 실로
안의 전쟁이지
야수적 본능 너머의 세계를
확장해 가는 과정이지

Orbit

It is an orbit
Expected orbit
Orbit of desire
Orbit of reality

Though veered off
By rain, wind, and frost
There will be none
To make us lament
Its passing

Though unseen as it brushes by
It will be stored within you
As mysterious particles and waves
Not just your future
But for generations to come

It is an orbit
That runs towards the light
That seems to fall but wins
That seems to die but lives

궤도

예상의 궤도
소망의 궤도
실재의 궤도

비와 바람과 서리에
빗나갔어도
서러워 마시게
사라지는 것은
하나도 없으리

스쳐 가 안 보이지만
오묘한 입자와 파동으로
네 안에 간직되리
너의 미래뿐이랴
자손만대에 이르리

지는 듯 이기는 길
죽는 듯 사는 나라로
달려가는 궤도이지

Weather Vane

Following the weather vane,
Signal of time,
The storm clouds will drift away,
And waves of light will surge in.

Since fear lurks everywhere
And pain always waits in hiding,
The trumpet of anger blares loudly,
The flute of supplication soars high.

May the dark echoes
of parting sorrow
Not obscure
The joy of meeting.

While the warm light
Still remains with you,
Savor the solace within,
Until the next door opens.

The wind chime signal urges you on,
To prepare for the path ahead,
Into the wondrous light beyond,
Before winter draws near.

바람개비

시간의 바람개비
신호를 따라서
먹구름은 날려가고
빛 파도가 밀려오리

두렴은 어디나 도사려 있고
아픔은 언제나 숨어 기다리니
분노의 나팔 소리 요란하리
간구의 피리 소리 드높으리

헤어지는 슬픔의
어두운 여운이
만나는 기쁨을
가리지는 못하리

따듯한 빛이 아직도
너와 함께 남아 있을 때
그 안의 위로를 만끽하라
다음 문이 열릴 때까지

바람개비 신호가 재촉하지
너머의 놀라운 빛 가운데로
가야 할 길채비 하란다
겨울이 다가오기 전에

Heaven and Earth

How far apart are
Your heaven and earth?
Is it an immensely distant place,
Or almost touching?

How far apart are
Your earth and hell?
Is it a close neighbor,
Or a distant land?

Is your body, mind, and soul
bound together in unity,
Struggling valiantly, seeking salvation?
Where is the rescue team?

Leaving the ground below,
A rocket engine's flames ignite,
Soaring upwards.
Who provided the fuel?

하늘과 땅

너의 하늘과 땅은
얼마나 되는 거리인지
아주 까마아득 한가-
거의 닿아 있는지

너의 땅과 지옥은
얼마나 떨어져 있지
아주 가까운 이웃인지
아득히 먼 나라인지

몸과 마음과 혼이
한뜻으로 결속하여
고군분투 중인지
구원군은 어찌 되었지

아래를 차내 버리고
위로 솟구쳐 오르려
로켓엔진에 불꽃이 튀리
누가 챙겨준 연료인지

Bountiful Summer

Leaving behind the tunnel of dazzling blooms,
Fresh greenery undulates in waves.
In the embrace of raindrops, wind, and sunlight,
Bountiful summer unfolds.

A gift of solace,
Unreservedly bestowed upon
Wounded hearts
And tormented souls,

A revelation of the sole passage,
To be woven with wondrous light,
Even amid a world in disarray.
A symbol that awakens the covenant.

풍성한 여름

화려한 꽃 터널을 뒤로
싱그러운 초록이 파도친다
빗발과 바람과 빛살 속에
풍성한 여름이 펼쳐진다

아픈 마음에
고통받는 영혼에
아낌없이 안겨주는
위로의 선물이지

혼란한 세상 가운데서도
경이로운 빛으로 이루어 갈
유일한 통로의 계시이지
언약을 일깨우는 표상이지

Projection

Birds chirping in the forest,
Are they happy or sad?

Some say they sing,
Others say they cry,
Still others say they sing while crying.

Depending on who sees and hears,
The world is painted differently.

The projections that
Our hearts, thoughts, and souls pour out
Can shake the nation to its core.

The traveler wanders aimlessly,
Muttering and mumbling.

투영

지저귀는 숲속의 새
기쁜 건지 슬퍼선지

어떤 이는 노래한다지
다른 이는 운다고 하지
또 다른 이는 울며 노래한단다

보고 듣는 이에 따라
세상은 달리 그려지리

마음과 생각과 영혼이
달리 쏟아내는 투영이
나라를 어지러이 흔들지

나그네는 내용도 모르며
이러쿵저러쿵하며 우기리

A Speck in a Moment

A speck in the universe,
A speck on Earth,
Invisible,
In this speck,
The universe lies.
An astonishing speck.

Because there is a moment,
There is Earth,
There is the galaxy,
There is the universe.
If there were no moment,
There would be nothing.

Whether there is a speck
Or not,
Earth doesn't care.
To the galaxy or the universe,
This speck is
Neither here nor there.

한순간 한점

우주의 한점인
지구의 한점
보이지 않는
이 한점에
우주가 들어 있지
놀라운 한점이지

한순간이 있기에
지구가 있지
은하가 있지
우주가 있지
한순간이 없다면
아무것도 없지

한점이 있거나
없거나
지구는 개의치 않아
은하에도 우주에도
이 한점은
있으나 마나지

제 2 부
평행우주

Part II
Parallel Universe

Practice

When there is division, there is unease,
Trying to mend the rifts,
How far, and where must we wander?

Between understanding and practice,
Lies the distance of head and heart,
Yet, it's the chasm between heaven and earth.

Without experience,
Practice fails to follow
As understood.

When the wind blows, everything sways,
A fair wind will bring us together,
A headwind will only split us further.

A fair wind is a special gift,
It cannot be bought with anything,
Yet it can be drawn with the cord of supplication.

When the favorable breeze blows,
And we are bathed in its light,
We become firmly nailed as witnesses.

실천

분열이 있으니 불안하리
갈라진 틈을 메꿔보려
얼마나 어디를 방황할 건가

이해와 실천 사이는
머리와 가슴 거리지만
하늘과 땅 차이이지

체험이 없으니
이해하는 대로
실천이 못 따르리

바람이 불면 모두 흔들리지
순풍이면 서로 만나게 되리
역풍이면 더 갈라져 가리

순풍은 특별한 선물
무엇으로도 살 수 없으나
간구의 끈으로는 당겨지리

순풍이 불어와
빛을 듬뿍 받더니
증인으로 못이 박히지

Quick Resolution

Let's just stop here for now,
How deep do we intend to dig?
How long will we continue to purge?

This isn't about ending halfway,
It's about giving our bodies and minds
Time to recover, we need a break.

Let's revisit this later,
Let's not rush into things and mess them up,
Let's avoid chaos through cruelty and arrogance.

By whose authority are judgments made?
Who granted the execution rights?
Who has entrusted this power?

Let's leave it at this for today,
Are you trying to end the world in a day?
Tomorrow will always wait.

속전속결

이 정도 해 둡시다
어디까지 파고 들어가
언제까지 척결하려나

어중간 끝내자는 게 아니라
몸과 마음이 회복되게
휴게의 시간이 필요해서지

이쯤하고 다시 봅시다
속전속결로 그르치지 않게
가혹과 방자로 혼란 일지 않게

누구에게 받은 판결권이지
누가 허락한 집행권인지
누가 맡겨준 위임권인지

오늘은 이 정도 해 둡시다
세상을 하루에 끝내려나
내일은 언제나 기다리지

The Land of Truth

The most sacred,
The most perfect,
The omnipotent unified field.

A land of ordained destiny
Where the purpose is accomplished
Under the supreme good.

Of utter goodness and love,
It never tolerates injustice and evil,
It rules with absolute sternness.

Having redeemed all through sacrifice,
It protects from falling back into temptation,
Ensuring eternal life.

Thus, Truth is,
Most compassionate,
Yet most stringent.

A boundless realm, where time shall never churn,
Beyond the confines of space and place,
Truth's essence shines, an endless grace.

진리의 나라

가장 성스러운
가장 완벽한
전능의 통일장

계획된 대로
뜻을 이루어 가는
지고선의 나라

지극한 선함과 사랑이니
불의와 부정을 절대
무관용으로 다스리지

모두를 바쳐 구해냈기에
다시는 유혹에 빠져
영생을 잃지 않게 해 주지

진리는 그러기에
가장 자비롭지만
가장 엄격하지

시간을 넘은
장소를 초월한
무궁의 나라지

Probation

There's no one
Without a suspended sentence.
No one in this world
Is free from bail

Some may walk unaware,
Their eyes unseeing,
Others may fight,
Their hearts unyielding.

How are you
Living your probation period?
What am I
Preparing for on bail?

Suspension is already
A predetermined final check.
The heart is ready to run with the signal,
but the mind still hesitates.

집행유예

집행유예 아닌 자
세상엔 없지
보석 중 아닌 사람
아무도 없으리

어떤 이는
알아차리지
누군가는
완강히 거부하리

유예기간을 너는
어찌 살고 있지
보석 중에 나는
무얼 대비하고 있지

유예는 이미 설정된
최종 점검의 기간
가슴은 신호대로 달리려는데
머리는 아직도 주저하리

Just As We Arrived

Though our origin remains a mystery,
Its presence is undeniable.

We came without fear,
We felt neither pain
Nor sorrow.

Just as we arrived,
We long to leave,
Since our appearance has changed,
Will our feelings be different?

Our destination remains obscure,
But its existence is certain.

May we depart without trepidation,
Unburdened by
The pangs of heartache.

오듯이

온 곳은 모르지만
있는 것은 분명하지

두렴 없이 왔지
아픔도 슬픔도
못 느꼈지

오듯이
가길 바라지
모습이 달라졌으니
마음도 다를 건가

갈 곳도 모르지만
있는 것은 분명하지

두렴 없길 바라지
아픔도 슬픔도
못 느끼길 기원하리

Incomplete

Earth, a fragment of the sun's embrace,
The galaxy, a wisp in the cosmos' vast space.

The dance of parts comes together,
  To form the completion of the whole.

As assigned in space-time,
The best is the destiny of the parts.

The best of the incompleteness is piled up,
To build the golden tower of completion.

Completion is the sovereignty of the whole,
Incompleteness is the fate of the parts.

Completion is the glory of heaven,
The best is the honor of earth.

미완성

지구는 태양의 부분
은하는 우주의 부분

부분의 회전이 모여
본체의 완성을 이루지

시공간에 할당된 대로
최선은 부분의 숙명

미완성의 최선이 쌓여
완성의 금자탑을 세우지

완성은 본체의 주권
미완성은 부분의 운명

완성은 하늘의 영광
최선은 땅의 영화

Conceit

This can't be happening,
Such a conceited and smug attitude.

How can this be?
Look around,
There are only cold stares.

It's clear it's a hit.
Even before the flag goes up,
You were so full of yourself.

Where would your arrow missed
Get stuck?

Do you know that everything you have
Is a gift?
What have you done to deserve it?

Are you aiming for a first-place trophy?
Even an encouragement award is thanks to others.

자만

그럴 리는 절대 없을 거야
자신만만 의기양양한 태도

어찌 이럴 수가 있지
사방을 둘러보아도
싸늘한 눈빛뿐이네

명중이 분명해
깃발이 오르기도 전에
기고만장했지

빗겨나간 네 화살은
어디에 박혔는지

네가 갖고 있는 모두가
선물인 건 알고 있는지
무얼 제대로 한 게 있다고

우등상을 받으려느냐
격려상도 감지덕지리

Unique Language

Someday we will meet again,
And I'll wave you off without a storm.
How many hearts and souls
Must be separated each other.

Even though we live in the same house,
Our appearances and thoughts will diverge,
And our memory networks will be rewoven.
Will we even recognize each other?

Our feelings, thoughts, and consciousness
Will be freed from confinement,
And through countless strange passages,
We will communicate in our unique language.

고유 언어

언젠간 다시 만나려니
풍랑 없이 손 지어 보내리
얼마나 많은 맘과 혼이
서로 떨어져 가야 하는지

한집에 살게 된다지만
모습과 생각이 갈리고
기억망이 새로 짜이리니
서로 알아보기나 할지

느낌도 생각도 의식도
갇힘에서 자유로이 되리니
무수한 기이한 통로로
고유 언어로 교신하게 되리

The Link

Before we part ways,
Let's see each other's faces briefly.
It's better to avoid,
Troublesome things.

Let's keep the good things close,
And shun the bad things away.
Let's put aside all pretenses
And meet across the river.
Since we're already dim now,
How will we recognize each other there?
Let's put away such worries.

In a land where each day is a marvel,
Where miracles are commonplace,
Reconnecting the missing link
Will be easier than flipping a coin.

연결고리

서로 헤어지기 전에
얼굴이나 잠시 보자니
번거로운 일이랑
안 하는 게 상책이란다

좋은 건 자꾸 벌리고
추한 건 멀리하잔다
겉치레는 다 접어두고
강 건너가서 만나잔다
지금도 아물거리는데
어찌 거기서 알아보리
그런 걱정은 접으란다

매일이 경이인 나라
기적이 다반사인데
연결고리 다시 맞추기야
동전 뒤집기보다 더 쉬우리

Baptism of Fire

The exile walks alone,
With no way to go back,
Only through the path of grace,
Where the impossible is possible,
Water baptism is not enough,
Only baptism of fire can make it possible.

It reconnects the transient
To the eternal,
Re-linking the visible
And the invisible.

The crowd outside is clamoring,
What are they trying to do?
Have they just received the baptism of fire,
Or are they hesitating to receive it,
Doubting it, mocking it,
Criticizing it, rebelling against it?

불세례

추방자는 자기 홀로
돌아갈 길이 없다지
불가능이 없는 은총이
베푸는 길로만 가능하단다
물세례만으론 역부족이지
불세례로야 가능해지리

사라질 걸 영원에
다시 접목해 주고
보이는 것과 안 보이는 것을
다시 고리 지어 주는 작업이지

밖에서 웅성거리는 건
무엇을 하려는 무리이지
불세례를 지금 막 받았는지
받으려 머무적거리는지
의심하는지 조소하는지
힐난하며 반역하는지

Parallel Universe

To subdue the stress hormones,
To fan the flames of the joy's circuits,
To burn away boredom,

I'll leave my daily life behind and embark on a journey,
I'll ascend to the orbit of the parallel universe,
Which is more captivating than flowers and stars.

To fully savor freedom,
To soak up comfort to the fullest,
I dash along the path.

Beware of the mirage,
If you ride on a hasty heart,
You'll fall into a dead end from which you cannot escape.

The parallel universe of comfort,
The expanding universe of peace,
It is the passage leading to the homeland.

평행우주

긴장 호르몬을 잠재우려
기쁨의 회로를 부추기려
지루함을 불살라 버리려

일상을 비우고 길을 떠나리
꽃과 별보다 더 마음을 끄는
평행우주의 궤도에 오르지

자유를 만끽하려
위로를 흠뻑 받으려
달려 들어가는 길이지

호사다마를 경계하시라
급한 마음이 잘 못 타면
-헤어 못날 궁지에 빠지리

위로의 평행우주
평화의 팽창우주
본고장에 이르는 통로이지

제 3 부
전설

Part III
Legend

Legend

A legend is the enduring
Heartbeat and breath.
A tapestry of genealogy
Woven with light and shadow.

All living beings,
Across time and space,
Interweave legends
With marvelous threads and jewels.

Anecdotes resonating with joys and sorrows,
Myths studded with anguish and supplications,
Epics imbued with instincts and emotions,
Chronicles of wisdom pierced by imagination
and intuition.

On the mysterious stage of history,
Guided by the director's call,
Each one is a protagonist destined
To craft their own astonishing legend.

전설

전설은 유구한
맥박과 숨소리
빛과 그림자가 짜가는
계보의 태피스트리

살아가는 모두는
시공간을 넘어
전설을 엮어가는
경이로운 끈과 보석들

애환의 울림이 담긴 야사
고뇌와 간구가 점철된 신화
본능과 감정에 물들여진 시대극
상상과 직관이 꿰뚫은 혜안의 연대기

신비로운 역사의 무대에서
연출가의 지시를 따라
각자는 놀라운 전설을
지어가게 내려진 주연자이지

Just Let the Light In

In the clutches of nightmares,
Sighs and cries swirl in the darkness,
The path ahead shrouded in gloom,
Has the light truly vanished?

Just let the light in,
My head will lift,
Eyes gazing at the flowing stream,
A smile will grace my lips once more.

Just let the light shine,
I'll feast on warmth and brightness,
Strength will surge within,
I'll rise and thrive anew.

빛만 들면 돼

악몽에 휘둘리는
한숨과 울부짖음
한 치 앞이 안 보이리
빛은 진정 사라졌는지

빛만 들어오면 돼
머리가 치켜올려 지리
눈이 흐름을 내다보며
다시 미소를 머금지

빛만 비춰주면 돼
따스함과 밝음을 먹고
솟아오를 힘이 생기지
다시 살아 활개 치지

Aligning the Time

How can I ascend to the heavens
Adorned with stars?
The ladder I've long dreamed of,

Will its owner one day descend,
And become my companion
On this journey?

As my eyes open with newfound clarity,
The heavens, not the earth,
Gradually fill my vision.

With each new understanding,
My reactions follow suit,
Mimicking the steps of my companion.

I thought I was close to reaching the heavens,
But the distance between the heavens and earth,
Is far greater than it appears from below.

The journey up the ladder is
A process of aligning
Earthly time with heavenly time.

시간 맞추기

별빛 유난한 하늘로
어떻게 하면 올라갈지
예부터 꿈꾸던 사다리

사다리 주인이
언젠가는 찾아 내려와
길동무가 되어 주겠지

눈이 새롭게 떠지며
땅 대신 하늘 것이
자꾸 안에 채워져 가리

새 반응이 꼬리를 물며
더 깊은 이해와 함께
길동무의 흉내를 내지

하늘에 곧 닿을 줄로 알았지
올라가야 할 하늘과 땅의 거리는
땅에서 보기와는 아주 다르리

사다리 오르는 여정은
하늘의 시간에 땅 시간을
맞추어 가는 과정이지

Excuses

Constantly sending messengers,
Trying to plant and nurture heaven
Deep in the earth.

Floating countless stars,
Blooming the flowers of time,
Always reminding us of the moment.

You can't make excuses for not seeing,
You can't justify not hearing,
You can't pretend you can't touch.

It's been a long time since you saw,
A very long time since you heard,
A long time since you touched.

Our hearts, thoughts, and souls,
Parched and famished,
Live with the devil.

Yet, though we are a reed swaying endlessly,
Righteous blood flows in our hearts,
We are souls that live with angels.

변명

끊임없이 밀사를 보내
하늘을 땅에 깊이
심어 가꾸어 주려 하지

무수한 별을 띄우고
시간의 꽃을 피워
늘 찰나를 일깨워 주지

안 보인다고 핑계 못 대리
못 듣는다고 변명 못 하리
만질 수 없다고 시침 못 떼리

본 지 벌써 오래리
들은 지 아주 오래리
만진 지 이미 오래리

목마르고 허기진
마음과 생각과 영혼
악마와 더불어 살지

한없이 흔들리는 갈대이지만
심장엔 의로운 피가 흐르리
천사를 모시고 사는 영혼이지

Two Old Trees

Two old trees by the stream,
At dusk on the winter solstice,
Their gazes linger long on each other,
Counting on the past and the future,
Gazing at the days that will lengthen ahead.

The leaves and flowers that bloomed,
The fruits that ripened and matured,
Where did they go and how did they fare?
In silent empathy, they share their thoughts,
Their eyes Just blinking at each other.

They grow and wither as ordained,
Returning to the source as inscribed.
With a gentle smile,
They promise
To meet again.

두 그루 고목

냇가의 두 그루 고목
동짓날 땅거미 질 무렵
서로의 눈길이 오래 닿는다
지난날과 앞길을 꼽아보리
길어져 갈 앞날을 내다보리

피어 온 잎과 꽃들
길러서 여물인 열매들
어디서 어찌 되었는지
말없이 동병상련하면서
서로 눈만 깜박거리지

넣어준 대로
세어 가다가
써준 데로 돌아가리
빙그레 웃으며
다시 만날 약속하리

Choice

With both ability and
Passion brimming,
How do we falter at the moment
Of decisive choice?

Choice is discernment,
Discernment is wisdom,
Was it I who chose from within?
Or was it received from above?

Against the original intent and plan,
Rebelling against
The primordial decree,
Are we consciously rebelling?

선택

능력도 출중하고
열정도 충천인데
결정적 선택 순간
어찌 실족하는지

선택은 분별
분별은 지혜
제 안에서 뽑아낸 건가
위에서 받아들인 건가

태초의 뜻과
계획에
반기를 들고
올라 서려서인지

Heaven's Will

Must one ascend the summit
To receive Heaven's will,
Or is the order reversed?

Even in mundane conversations,
The law of nature
May be contained.

In pretentious discourses,
Narrow-mindedness and folly are intertwined,
And stubbornness is embedded.

Could it be that the lowest place
Is truly the highest,
Or is the opposite the truth?

하늘의 뜻

정상에 올라야
하늘의 뜻을 받는지
그 반대순서인지

하찮게 들리는
일상의 대화에도
천리가 들어있지

고답적 담론에도
옹졸과 우매가 배어있고
가공할 아집이 담겨있지

가장 낮은 곳이 실로
가장 높은 곳이 될지
그 반대가 진실인지

Just Once

Raise your head and gather your eyes,
Upon the high sky over the treetop,
How often do you look up?

In a world where respect outweighs conscience,
We appeal to emotions rather than reason,
Instincts dominate logic.

Reflecting in the mirror,
Correcting your posture properly,
Is it already a thing of past?

If that happened even just once,
The dreadful battles would have been avoided,
A lifetime of regret would have stopped.

단 한 번

고개 들어 눈을 모아
우듬지 위 드높은 하늘을
얼마나 자주 우러러보는지

양심보다 체면이 위인 세상
이성보다 감정에 호소하지
본능이 논리를 지배하지

거울에 비추어 가며
다시 자세를 바로잡는 건
이미 한물간 풍조인지

단 한 번이라도 그랬다면
참혹한 싸움을 피했으리
평생의 통한을 멈추었으리

Bundle of Tears

Big and small things
Entangled and entwined,
Growing a heap of troubles,
Blocking the path ahead.

Untangling,
And examining it,
Turns out to be
A bundle of tears.

A high-dimensional equation
Might one day
untangle the bundle,
But it won't stop the tears.

The only way
To stop the tears
Is ultimately
Daily bread.

울음보따리

크고 작은 것들이
얽히고설키며
곤란 더미를 키우니
길이 막히고 마네

헤쳐서
살펴보니
어린애들
울음보따리네

고차원의 방정식이
언젠간
보따리는 풀겠지만
울음은 못 멈추리

울음을
멈출 길은
결국
일용할 양식이지

World of Snowflakes

With the snow that fell last night,
The forest path is a world of snowflakes.
A bird perched high on the treetop,
Is cativated by the marvelous snowy landscape.

Surveying the wondrous time and space,
Soaring in a state of selfless absorption,
Perhaps growing excessively grandious,
Rising in self-indulgence.

The snowflakes will soon be blown away by the wind,
And your heart and mind will also be shaken.
The sky that bestowed a fleeting gift,
From afar, will watch your movements.

눈꽃 세상

어젯밤 내린 눈으로
숲길이 온통 눈꽃 세상이네
우듬지에 높이 앉은 새
놀라운 설경에 푹 빠졌지

경이로운 시공을 조망하며
무아지경을 활공하는지
호연지기를 지나치게 키워
자기도취에 들려 오르는지

눈꽃이 곧 바람에 날려가리
네 머리와 가슴도 흔들리지
깜박 선물을 내려준 하늘이
먼발치서 네 거동을 살피리

Vines

When May roses climb the vines
Crawling up the walls,
The lush green leaves
Emit a rich fragrance into the world.

The path is never walked alone,
As the fresh light carried by the warm breeze,
Deeply permeates the body and mind,
The soul climbs the vine ad ascends to the sky.

To see beyond, it climbs higher,
Beckoning with a glance, eager to reach,
Growing close together, forming a vine,
They soothe each other's hearts and souls.

The vine is the synapse connecting hopes,
Constantly and unhesitatingly stretching
Toward the place of call and the desired time,
It grows upward, following the irresistible beckon.

덩굴

오월 장미가 덩굴을 타고
담장을 기어오르는 때면
우거져 가는 초록 잎들은
짙은 향기를 천지에 뿜어내지

가는 길은 언제나 홀로 아니지
싱그러운 빛이 훈풍에 실려
몸과 마음에 깊이 스며들어 오면
영혼은 덩굴을 타고 하늘로 오르지

넘어보려고 기어오르리
눈짓하니 가고 싶어 달려가리
가까이 함께 덩굴 지어가며
마음과 혼을 서로 달래려 하지

덩굴은 소망을 연결 짓는 시냅스
부르는 곳 바라는 때를 향해
끊임없이 주저 없이 뻗어나가지
거역 못 할 손짓 따라 자라오르리

제 4 부
봄바람

Part IV
Spring Breeze

Vast and Unknown

Constantly sending,
Knocking ceaselessly,
But unknowingly dark,
We are just living on.

The Earth is pulled and spins,
The galaxy spins and turns,
Since we don't feel it,
The reason for it must be unfathomable.

Since we don't feel it,
And don't know,
Who's doing it?
It seems even more vast and unknown.

But why do we
Gaze at the distant mountains,
Draw the other side of the sea,
Strive to soar high into the sky?

까마아득하지

끊임없이 보내
두드리는데
까맣게 모르고
그저 살아가지

지구도 끌려 돌고
은하도 돌고 돌지
느끼지 못하니
왜인지는 까마아득하리

느끼지 못하고
알지 못하니
누가 그러는지야
더 까마아득하지

그런데 왜인지
먼 산 너머를 응시하지
바다 건너를 그려가지
하늘 높이 솟으려 하지

Talent

They say that talent is given to everyone,
A gift to help us navigate
Life's circumstances,
With different conditions and situations.

Some may be colorblind
While others see infrared and ultraviolet,
Some hear ultrasounds,
Each with different capabilities.

Some cross the pitch-dark sea
With an innate compass guiding them,
While others stumble and grope
Even in broad daylight.

It would be wonderful to live on autopilot,
But it's a shame not knowing our true calling,
And even when we do, it doesn't always fit,
So we sigh and live with unfulfilled dreams.

재능

재능은 누구에나
주어졌다고 하지
서로 여건과 상황을 풀며
살아가라고 준 선물이지

색맹이 있는가 하면
적외선 자외선도
감지하는 눈이 있고
초음파도 듣는 귀가 있지

누군간 붙박이 나침판으로
칠흑 바다를 깜작 건너가리
어떤 이는 광명천지 안에서도
뒤뚱거리며 더듬어 살아가리

장기대로 살면 좋으련만
장기인지 모르니 애석하고
알아도 마음에 안 차 하니
넘겨다보며 한숨 속에 살지

Habitual Nature

Along the riverside path,
Weeping willows stand in a row,
Their pollard crowns have all been cut off.

Their roots haven't been pulled out,
So they aren't completely abandoned,
But it's certainly a stern reprimand.
They were set up as leaders,
Yet, soaked in inertia, they couldn't
Grow straight towards the sky.
When the time comes for shoots to sprout,
It's a big whip to change their habitual nature.

Roots as anchors, stems as guides,
With the hand that has chosen the right time,
The strength to reach the heavens will surge.

타성

강변 산책로에
늘어선 수양버들
우듬지가 모두 잘렸지

뿌리를 뽑진 않았으니
아주 버린 건 아니지만
엄한 질책이 분명하지
선도자로 세워주었더니
하늘을 향해 똑바로
뻗어 오르지 못하기에
새싹이 돋는 때를 맞아
타성을 바꿀 큰 채찍이지

뿌리는 닻 줄기는 안내자
때를 고른 손이 함께 하리니
하늘에 닿을 힘이 솟게 되리

Civil War

A wicked scheme,
Cunningly disguised,
Stirring up my heart,
I think it's intruder's doing,
But upon closer examination,
It's a battle between me and myself.

Digging a deep pit,
Painting the inside sky blue,
Luring me to fly in.
Once I fall in,
I lose my sense of direction,
Unable to take a step forward.

On all sides, above and below,
Simultaneously laying down fronts,
Repeating cycles of battles and truces.
It's hard to tell who's my ally
And who's my enemy,
As the endless civil war rages on.

내전

사악한 계략이
교묘히 위장하고
마음을 충동하지
침입자의 소행인 줄
내막을 들춰내니
나와 나의 대결이네

깊이 구렁을 파놓고
그 안을 하늘색 칠해
날개 치며 들게 하지
한번 빠져들어 가면
앞뒤를 헤아리지 못해
한 발짝도 못 내디디리

사방팔방 아래위
동시다발 전선을 깔고
교전과 휴전을 반복하리
우군인 듯 적군이고
적군인 듯 우군이네
끝없는 내전 중이지

The Next Sequence

Not knowing that
It's over,
Still eagerly awaiting,
It's pitiful and
Heartbreaking.

Though knowing
It's over,
Their eyes now
Are focused on
The next sequence.

Even if the world crumbles,
The next sequence surely
Awaits there.
Climb over the wall,
And run into it.

다음 순서

벌써 끝난걸
아직도 모르고
학수고대하다니
안타깝고
안쓰럽지

끝이 난걸
이미 알지만
그들의 눈은 지금
그다음 순서에
초점이 맞춰 있지

세상이 무너져도
다음 순서가 분명
거기서 기다리리
기어올라 넘어
달려 들어오란다

In Between

In between the branches,
Between the swaying reeds.
The shadows of trees submerged
In the stream.

Between the blue sky,
Through dazzling sunbeams,
The eyes gaze down
From a great height.

Between everything,
Countless rows of wind,
Brushing past endlessly,
Taking care of the order in between.

Beyond and beyond,
In between,
Light and shadow
Fill with dance and song.

사이사이

가지들 사이사이
갈대 흔들림 사이
시냇물에 잠긴
나무 그림자들

푸른 하늘 위
눈부신 빛살 사이로
아주 높은 데서
내려다보는 눈

모두의 사이사이로
바람의 행렬이 무수히
끝없이 스쳐 가면서
사이사이 질서를 챙기지

너머 너머로
사이사이를
빛과 그림자가
춤과 노래로 채워가지

The Land of Awe

On the path of self-inflicted suffering,
Where we bite our own tails,
With a plea for help,
I catch a glimpse of the land of awe.

What I couldn't see,
I can now see.
What I couldn't hear,
I can now hear.

Without asking,
Without answering,
Heart to heart,
We know each other.

To hold on is to lose,
To die is to live,
In the land of awe,
It is so for all.

No matter how hard we try,
Until we meet,
We can only fumble,
That is all.

경탄의 나라

꼬리를 물고 무는
자승자박의 길에서
탄원의 소리 높더니
경탄의 나라를 흘긋 보이네

안 보이던걸
보게 되네
못 듣던걸
듣게 되네

묻지 않고
대답 안 해도
이심전심으로
서로 다 알지

붙들려면 잃게 되고
죽어야 살게 된다네
경탄의 나라에선
모두가 이러하다네

제아무리 모두
짜내보아도
만날 때까진
더듬을 뿐이지

Time

"Though you met the master,
You couldn't seize the time,
What a pity, such a pity!"

Is time like a colt,
To be tamed and ridden?
Or like a robot, ticking relentlessly,
Rushing only forward?

Is it an invincible power,
That governs creation and demise?
Or a gracious gift,
Embracing all in awe?

"Having already met the master,
So you will soon catch the time and ride it.
What a blessing, such a blessing!"

때

"주인은 만났으나
때를 못 얻었으니
아깝지 아까워"

때는 망아지 같아
길들여 타는 건가
빈틈없이 재깍대는
앞으로만 달리는 로봇인지

생성과 소멸을 주도하는
대적할 수 없는 능력인지
자애로워 모두를 담는
감탄할 은총의 선물인지

"주인을 이미 만났으니
곧 때를 잡아 태워주리
축복이야 축복이네"

Entanglement of Time

That beach walk from back then,
Endlessly longing for it,
I return countless times to draw
His gaze upon the waves over and over.

Through the entanglement of time and space,
Riding the wind and carried by rays of light,
I will run to the ends of the earth,
I will fly forever.

Living in Seoul from New York,
Living in Paris from Seoul,
Living on Mars from Earth,
Living in the galaxy from Mars.

Haunted by past mistakes,
I'll beg for forgiveness with true repentance,
Living today within the past,
Living tomorrow within today.

시간의 얽힘

그때의 해변 산책이
못내 그리워서 수도 없이
다시 돌아가 그의 눈빛을
수평 위에 그리고 그려보리

시공간의 얽힘으로
바람을 타고 빛살에 실려
어디까지나 달려가리
언제까지나 날아가리

뉴욕에서 서울을 살고
서울에서 파리를 살지
지구에서 화성을 살고
화성에서 은하를 살지

지난 실수가 못내 사무쳐
진정한 회개로 용서를 빌지
과거 안에 오늘을 살고
오늘 안에 내일을 살지

When Will That Time Come?

How much longer must I wait?
Until everything is fulfilled?
Who knows when that time will be?

The more impatient I am, the more I'll eat unripe fruit,
The longer I wait, the more abundant gifts I'll will receive.
Have you ever counted grains of sand?
Have you ever scooped up the ocean?

What seemed like it would never end, has ended,
What seemed like it would end, will not end.
It is the path to the land of eternal joy.

그때가 언제이지

얼마나 더 기다려야 하지
모두를 이루게 될 때까지리
그때가 언제인 걸 누가 아는지

조급할수록 설익은 과일 먹으리
오래일수록 풍성한 선물 받게 되리
모래알을 헤아려 본 적 있으신지
바닷물을 퍼 올려본 일 있으신가

끝날 것 같지 않던 게 끝나고
끝날 듯 같던 게 끝나지 않으리
영원한 기쁨의 나라로 가는 길이지

Spring Breeze

The spring breeze, bathed in light,
Sprinkles it generously on the riverside forest.
Everyone opens their mouths and fills their hearts
With the wind to their heart's content.

The dark and damp corners,
Where mold has grown,
The piled-up debris,
Open their eyes to the bright light.

To breathe in the wind even deeper,
I will raise a kite high.
If I play with the kite for a long time,
Wings will grow on me without me knowing.

Shall I fly closer to the light
And touch it?
If I fly high, carried by the light,
I will reach the land of my dreams.

봄바람

봄바람이 빛을 듬뿍 받아
강변 숲에 고루 뿌려주니
모두 입을 벌리고 바람을
마음껏 가슴 안에 채우지

어둡고 눅눅해
곰팡 핀 구석들
쌓여가던 찌꺼기들
화창한 빛에 눈을 뜨리

바람을 더 깊이 마시려
연을 높이 떠 올려 보리
오래 연을 타고 놀다 보면
어느 사이 날개가 달려지지

빛 속으로 더 가까이
들어가 만져 보려나
빛에 실려 높이 날다 보면
그리는 나라에 이르게 되리

제 5 부
마스터키

Part V
The Master Key

The Path We Take

Through pushing and shoving,
We enter the path.
Grasping and dodging,
We must run.

Wandering alone,
We take the path out.
Amid hopes and fears,
We are unknowingly pushed aside.

Coming in empty handed,
We embrace the spring breeze
And the autumn rain,
We will gather and leave.

Since hope is greater than fear,
We are the lucky ones.
Since there is something to truly gather,
It is clear that we are greatly blessed.

How and what
Have we gathered?
Whether we will be praised or scolded,
We will only know when we get there.

오가는 길

헤치고 밀치고
들어오는 길
붙들어 제치고
달려야 하리

홀로 조아리며
나가는 길
기대와 두렴 와중
어느 사이 밀려나지

빈손을 들어와
봄바람
가을비 가운데
거두어 안고 떠나리

기대가 두렴보다 크니
복 받은 행운아이지
진실로 거둘 게 있다니
지대한 축복이 분명해

무얼 어떻게
거두어 안았는지
칭찬일지 꾸중일지
거기 가야 알리

Entrance

Our entire life
Is a story of entrances and exits.

Knocking on the entrance,
We pour out our heart and soul.
Searching for the exit,
We shed blood, sweat and tears.

As we step into the entrance,
The path we seek is the exit.
When we emerge from the exit,
The next path is again an entrance.

From entrance to exit,
From exit to entrance,
We pass through countless tunnels
In a journey of mystery.

The entrance is the exit,
And the exit is the entrance.

입구

우리의 온 생애는
입구와 출구 이야기

입구를 비비고 들려
심혈을 토하지
출구를 찾아내려
피땀 흘리게 되리

입구에 들어서자
찾는 길은 출구
출구에서 나오면
다음 길은 다시 입구

입구에서 출구로
출구에서 입구로
무수한 터널을 스치는
신비의 여정이지

입구가 출구이고
출구가 입구이지

The Ceiling

Is the ceiling truly
An impenetrable barrier,
A wall we must accept?

Countless waves and particles of the universe
Pierce through our bodies, minds, and souls,
Constantly sharing new information with each other.
Through the amazing and intricate channels of cell membranes,
Numerous molecules pass back and forth as instructed,
Building, growing, and sustaining life.

Barriers do not exist in the first place,
In a world where everything is connected,
They are merely garments we wear for a while.

It is our stubborn arrogance,
Our disbelief in the impossible,
Our foolish disrespect that prevents us
From accepting miracles,
Our lack of familiarity with the extraordinary light,
That keeps us from hearing the whispers of the universe.

천장

천장은 실로
더는 뚫고 오를 수 없는
받아들여야 할 장벽인지

무수한 우주의 파동과 입자가
몸과 마음과 영혼을 뚫고 스치며
끊임없이 서로 새 정보를 나누지
세포막의 놀랍고 정교한 통로로
수많은 분자가 지시대로 왕래하며
생명을 짓고 키우고 살려가리

장벽은 본시 없고 모두
서로 통한 하나의 세계에서
잠시 입고 사는 옷이지

불가능이 없음을 못 믿는
완고한 오만의 고집으로
기적을 못 받아들이는
우둔한 불손의 소치로
놀라운 빛 속에 못 들리
친밀한 체험이 없어서리

The Master Key

Long ago,
You and I planted deep
Within our hearts
An incredible gift of blessing,
The Master Key of Love.

How could I have
Just now realized
That the key to the miracles
I yearned for
Resides within our souls?

Let us open the light and dispel the darkness,
Unlock the love that will vanish fear,
Let us plant joy in places of sorrow,
Lock away anguish and open the door of solace.
Oh, the marvelous and mystical key of love.

The Master Key is the universal solver,
Wounds will heal and new life will sprout,
Peace will be bestowed upon trembling souls,
And the door to the light of freedom will be opened
It is the key to the power to be together forever.

마스터키

아주 오래전에
너와 나의 마음
깊숙이 심어준
놀라운 축복의 선물
사랑의 마스터키

그렇게 갈망하던
기적의 열쇠가
너와 나의 영혼 안에
살고 있는 걸 어찌
이제야 알게 되는지

빛을 열어 어둠을 사르고
두렴을 거둘 사랑을 열지
슬픔의 곳에 기쁨을 심고
고뇌는 잠그고 위로를 열지
놀랍고 신비로운 사랑의 열쇠

마스터키는 만능의 해결사
상처가 아물며 새살이 돋지
떨고 있는 영혼에 평화를 주지
자유의 빛 속으로 문을 열지
영원히 함께할 능력의 열쇠이지

Cycle of Life

Where does joy come from?
Where does sorrow go?
The end of sorrow is joy,
The end of joy is sorrow.
The cycle of life on Earth.

Do we cry because we think
The end of joy is coming?,
Do we cry because we think
The end of sorrow will never come?
Flat Earthers.

I miss my beloved who has gone,
And I cry sadly,
But my beloved has already returned,
And is waiting behind me
With a bright smile.

자전 주기

기쁨은 어디서 오나
슬픔은 어디로 가지
슬픔의 끝이 기쁨
기쁨의 끝이 슬픔
지구의 자전 주기

기쁨의 끝이
올 것 같아 우는지
슬픔의 끝이
안 올 것 같아 울리
평평 지구 신봉자들

가신 임이 그리워
슬피 우는데
임은 벌써 돌아와
환한 미소 짓고
뒤에서 기다리지

Certainty

As if knowing, yet not knowing well,
As if not knowing, yet knowing well,
The meaning of truth.

There is only one way,
This side or that side,
Inside or outside.

To live forever,
By dying instead,
The pinnacle of love.

To prove
Perfection,
It must be exclusive.

Living as if having it, yet not,
As if not having it, yet holding it,
The proof of certainty.

확신

아는 듯 잘 모르리
모르는 듯 잘 알리
진리의 의미

오직 한 길이니
이면이고
안이면 안이지

영원히 살리려
대신 죽는 일
사랑의 극치

완전무결을
확증하려니
배타적이지

있는 듯 없이 살아가고
없는 듯 간직하고 있지
확신의 증거

Repentance

A voice crying out in the wilderness
Resounds loud and clear,
Yet how many truly repent?
Do they even know what to repent for?

Who among us is not a slave
To wealth, fame, and power?
Who can escape the swamps
Of envy, greed, and rebellion.

No matter how much you scrub and clean,
The slave's nature will remain.
Yet to rid us of the stench,
The wind blows ceaselessly.

Running and running again,
Climbing and climbing again,
Almost, almost reaching,
Is it forever out of our grasp?

회개

광야에서 외치는 소리
쩌렁쩌렁 울려도
몇이나 진정 회개하는지
무얼 회개할지는 아는지

부와 명예와 권력의
노예 아닌 자 누군가
시기와 탐욕과 반역의
늪에서 평생 헤어 못 나리

아무리 닦고 갈아입어도
노예의 근성을 어찌하리
그래도 악취를 걷어내 주려
바람은 그침 없이 불어오리

달리고 또 달려가도
오르고 또 올라가도
거의거의 접근은 하나
결코 닿을 수는 없는 건가

A Sequel

Walking through the Petal Rain,
Footsteps drunk with ecstasy
Revel in their moment of splendor.

A life dedicated to all,
Will be bitterly missed and regretted,
Even stepping on it will be shameful.

As the rain falls and the wind blows,
The whole world will change.
The footsteps are no exception.

The fallen flowers become a muddy mess,
Sticky, dirty, and obstructive, becoming
An object of disgust for those who walk by.

There is a lot of resentment from the foot traffic,
And the sanitation workers will rush in.
The filth gets sucked into the vacuum cleaner.

Beware of the fallacy of time,
Are you going to sigh just looking at the trailer?
You'll be surprised when you see the sequel.

속편

꽃비 속을 걸어가는
황홀에 취한 발길들
영광의 한때를 만끽하지

모두를 바친 생애가
못내 아쉽고 안타까워
밟기조차 민망하리

비가 오고 바람이 부니
온 세상이 달라져 가리
발길들도 예외는 안지

엉망진창이 된 낙화들
질척이고 더럽고 가로막혀
발길들의 혐오 대상이 되지

발길들의 원성이 높아
환경미화원이 달려오리
오물은 청소기에 빨려가지

시간의 착각을 조심하세
예고편만 보고 탄식하려나
속편을 보면 깜짝 놀라리

Frozen Foot

Even within the cell nucleus,
Time ticks on.
Even within a black hole,
Time races forward.

On days of joy,
Time flies away.
Even on nights of anguish,
It does not stop.

Time is only a foot
That moves only forward,
It naturally has no eyes behind,
So what can it do?

The rushing time
Has no moment to look back,
The instant it turns its eyes,
Time splits.

The frozen foot is a pillar of salt,
A monument of a bygone era.
The foot that steps beyond
Is time writing a new history.

멈춘 발

세포핵 속에서도
시간은 재깍거리지
블랙홀 안에서도
시간은 달려가리

환희의 날에
시간은 날아가지
고뇌의 밤에도
멈추지는 않으리

시간은 앞으로만
달리 가는 발
뒤에는 본시
눈이 없으니 어쩌리

내닫는 시간은
뒤 볼 겨를 없지
눈을 돌리는 순간
시간이 분리되지

멈춘 발은 소금기둥
마감된 한때의 기념비
너머로 향한 발은
새 역사를 쓰는 시간

Meeting and Parting

The joy of meeting,
And the sorrow of parting,
Give rise to earnest hope,
A string that won't break.

Our short yet long journey
Is a history of meetings and partings,
Leaving sorrow for joy,
Shedding darkness for light.

What happened
After we met?
How will we change
After parting?

With new eyes and heart
What and how will we do?
Will all the old things disappear
And only the new remain?

Shedding all darkness,
We'll soar in the light.
Delving deeper,
Into the arms of comfort.

만남과 헤어짐

만남의 기쁨과
헤어짐의 슬픔이
끊기지 않을 끈
간절한 소망을 낳지

짧으나 긴 우리 여정은
만남과 헤어짐의 역사
슬픔을 떠나 기쁨으로
어둠을 벗고 빛 속으로

만난 다음에
무엇이 일어났지
헤어진 후에
어떻게 변모하려나

새 눈과 마음으로
무얼 어떻게 하려나
옛것은 다 사라지고
새것만 보게 되려나

어둠을 다 털어내고
빛 가운데서 활공하리
더 깊이 달려 들어가
위로의 품에 안기리

Blessings

Our blessings are truly mysterious,
Already ordained at the beginning of time,
A wonderful gift that will last into the distant future.

Our memories and hopes
Will adorn the world brilliantly,
As stars in the sky and flowers on the ground.

Our love and close fellowship,
Will be woven into exquisite threads and jewels,
And soar endlessly beyond time and space.

Carrying out our assigned tasks faithfully,
Our hands will bear splendid fruits,
In grace and protection, anytime and anywhere.

We can only bow our heads in gratitude
For the grace of freedom that we will come to fully enjoy
In the amazing light of comfort.

축복

우리의 축복은 실로 신비롭지
태초에 이미 정해져 내려와
먼 미래로 지속될 놀라운 선물이지

우리의 회상과 소망은
하늘의 별과 땅의 꽃으로
눈부시게 세상을 꾸며갈 거야

우리의 사랑과 긴밀한 교제는
정교한 끈과 보석으로 짜이며
시공간을 넘어 한없이 비상할 거야

맡은 임무를 성실히 수행해 가는
우리의 장도는 은총과 보호 가운데
언제 어디서나 멋진 열매를 맺을 거야

놀라운 위로의 빛 가운데
만끽하게 될 자유의 은총을
우리는 고개 숙여 감사할 뿐이지

Epilogue

Grains of Sand

You and I are shining grains of sand,
Entwined and intertwined, descending DNA.

When and where we pass through,
How the next chapter will unfold,
The reason we are here and the way back home,
Surely inscribed deep in our DNA.

Along the ordained path, divinely traced,
We will build a kingdom on the beach.

| 에필로그 |

모래알

너와 나는 빛나는 모래알
얼키설키 꼬여 내려가는 DNA

언제 어디를 거쳐
어떻게 다음이 열려갈지
여기 온 이유와 돌아가는 길이
분명 DNA 깊이 새겨있으리

주어진 길로 디자인대로
해변의 왕국을 지어가리

제 6 부
시집 평설

Part VI
A Review of the Poetry Collection

■ 시집 평설

미지에의 신앙과 동경지향의 시미학

조성권
(문학평론가)

1. 전제

바이블을 말할 때 영세대적 깨우침이나 진실, 사랑 같은 불변의 진리로 읽힐 수 있다는 뜻에서 불간지서(不刊之書)라고 한다. 어느 시대에도 변함이 없이 구원에 이르는 길을 제시하고 있다는 뜻과도 맥락을 같이하는 바이블은 길의 안내자요, 동행자이며 진리에 도달하는 길을 안내하는 목자가 되어주는 길잡이이기 때문이다.
한 권의 시집이 지니고 있는 감동에의 체험도 불간지서와 같을 수는 없지만, 첫째 시가 체험하게 하는 감동, 감동과 함께 암시역으로 통로를 열어주는 구원에의 시사나 구원으로 안내하는 길을 열어준다면 그 또한 문학의 효용과 함께 인간 실현의 장이 될 수 있다고 본다.

한 권의 시집을 통해 시가 환기시켜 주는 감동과 함께 새로운 세계에의 지향이나 지향을 통한 인간 실현의 지양을 가져다준다면 그것이 곧 창조적 역할에의 충실이고 충실을 통한 인간의 정서적 삶과 정신적 삶에의 기여가 될 수 있게 된다.

일찍이 프랑스의 비평가 R. M. 알베레스는 문학의 효용을 구원의 시사로 제시함으로써 공리성·쾌락성·교훈성에 구원을 추가, 문학의 효용을 세 가지에서 네 가지로 제시한 바 있다. 그의 구원 내지 구원의 시사는 '시인은 믿어야 한다. 미지의 세계를 믿는 신앙이어야 한다'고 『20C 지적 모험』에서 피력한 데 기초한다.

무엇을 믿어야 할 것인가. 무엇을 요구해야 할 것인가. 그리고 무엇을 해야 할 것인가를 아는 것은 인간의 구원을 위해 필요하다고 이탈리아 철학자 아퀴나스는 피력한 바 있다. 그 '무엇'에 대해 신앙과 신앙의 실현을 통해 구원에 이르는 길 제시로 알베레스는 이에 답한 셈이다. 그런가 하면 우리는 눈으로 보는 것에서가 아니라 신앙에 의하여 걸어가고 있다는 신앙의 행보를 미지로 제시한 것이 되기도 한다.

모두(冒頭)를 신앙과 구원으로 제시한 것은 이원로 시인의 시집 『바람개비』에 접근하기 위한 통로를 개설하기 위해서다. 일별해 본 시집의 중심에는 신앙과 구원의 시사가 있고 이를 실천하고 실현하고자 한 정신지향으로 일관하고 있는 구원의 통로 열기를 제시하고 있다고 믿어졌기 때문이다.
 시집을 여는 서문 「포옹」에서 '진정한 자유에/사로잡히니/놀라운 환희 안에서/자유를 구가하자'라고 진술하고 있는데 '진정한 자유', '사로잡힘'이란 상식이나 통념으로는 가 닿을 수 없는, 정신적 승화에 의해서만 체험할 수 있는 형이상적 진술과 만나게 한다. 일종의 모순이자 아이러니로서의 상반의 균형과 만나게 된다. '진정한 자유에/사로잡힘'은 과학적 진술로는 모순이 된다. '진정한 자유'에 사로잡히면 영어가 되기 때문이다. 그러나 정신적 궁극인 '완전한 자유'의 포로가 되면 '완전한 자유' 자체가 되게 된다.
 구속이 없는 자유로운 세계, 그것은 종연 '기적이 펼쳐지지/온전히 붙들린 때/진정한 자유의/포옹 속에서'가 읽게 해주듯이 기적이 이루어진 자유세계다. 그리고 그 자유의 세계를 '자유의 포옹 속'이라는 진술은 따로따로가 아닌 하나로 합쳐진 포옹의 일체감에 의해서 획득되는 진정한 자유로서 일종의 구원의 세계가 된다.
 그런가 하면 시집 마무리인 에필로그에서는 '언제 어디를 거쳐/어떻게 다음이 열려갈지'라고 진술함으로써 '열려갈지'라는 통로 열기를 읽게 해주고 있다. 여기서 프롤로그와 에필로그는 독립된 부분이면서 '구원의 통로 열기'라는 정신지향으론 일체가 되어 모래와 모래알이 포옹을 통해 하나가 되는 분열도, 갈등, 베타도 반목도 없는 통일된 일체에 도달함을 보여주고 있다.

　이러한 시집 열기와 마무리는 시편들을 통해 고리와 고리로 엮어지면서 길을 열어 통로를 개설해 주고 있는데 이러한 통로 열기가 곧 구원의 시사와 동궤의 것이란 점에서 시사하는 바를 묵시적으로 함의해 볼 수 있게 한다. 그리고 종연 '주어진 길로 디자인대로/해변의 왕국을 지어가리'가 시사하는 바도 간과할 수 없다. '해변의 왕국'이 시인이 추구하는 낙원일 수도, 신앙하는 구원의 공간, 미지에의 동경일 수도 있기 때문이다.

　이로써 보면 시집 『바람개비』는 미지에의 지향이 될 수 있고, 미지에의 지향은 기존의 세계 밖에 대한 지향이란 점에서 동경이 될 수도 있다. 그리고 시집 『바람개비』를 조명할 수 있는 통로를 열어줄 수도 있게 되는데 이는 시집 『바람개비』의 시역이 '미지에의 통로 열기'나 '동경에 다가가기'란 두 시역으로 이분법을 적용, 조명할 수 있는 근거를 제시해 주고 있다.

2. 미지에의 통로 열기

　미지란 알지 못한, 기지(既知)에의 대응 개념이다. 그 때문에 알 수 없는 세계, 존재하지 않는 세계, 가 닿을 수도 없는 세계로서 영원한 향수의 세계일 수도 있게 된다. 그런가 하면 가정의 세계도 될 수 있고, 상상의 세계, 나아가선 환상이 나 공상의 세계도 될 수 있다. 그 때문에 부재의 세계나 존재하지 않기 때문에 허무의 세계일 수도 있다. 문제는 허무의 존재하지 않는 세계가 아니라 허무를 극복, 존재하는 세계를 추구하는 인간 정신에 있다. 허무나 절망이 없다면 희망을 찾을 이유가 없다. 인간이 유한성을 깨닫지 못했다면 무한에의 도전이나 도전을 통한 영원에의 치열성도 지니지 못했었음과 같은 이치다. 구원이라고 다르겠는가. 사랑과 사랑의 갑주를 입고 구원의 투구를 쓰라고 한 성구(聖句)도 따지고 보면 구원에의 전사가 되어 구원을 쟁취하라는 뜻이 아니겠는가.

인간이 기지의 세계로서는 체험할 수 없는 영원에 가 닿고자 한 지향이 미지에의 신앙이었던 소이가 이러할 듯싶다. 미지의 세계, 그것은 누구나 가 닿을 수 있는 세계가 아닌 미지의 세계가 있다고 믿는 신앙인만이 실현할 수 있고, 실현해 가 닿을 수 있다는 점에서 일종의 이상향에의 도전일 수도 있다. 이러한 이상향에의 도전은 일찍이 낭만주의 시인들은 기지의 세계 저쪽에 있는 동경의 세계를 통해 실현하고자 했던 바는 주지하는 바이기도 하다.

시집 『바람개비』가 시로써 제시한 풍향계도 두 개의 세계, 즉 미지와 동경의 세계지향이 아니었을까. 답은 수록된 시편들이 말해줄 것이고 시를 통해 답을 얻어내는 것은 평자의 몫일 듯싶어 시로 돌아가 보기로 한다.

시집 제1부 「바람개비」는 시인이 지향하는 세계를 제시해 주는 풍향계 구실을 담당하고 있다고 보여진다. 시 「무한 활공」의 일부에서 제시되고 있는 길은 '인식을 열어두려/무한 대를 펼쳐두었지/인식이 못 붙들게/무한 소를 열어두었지//한없는 길을 열어줘/무궁을 활공케 하려서지'는 '인식을 열어', '한없는 길', '무궁을 활공케 하려'고 통로를 개설하고 있음을 알 수 있게 한다.

통로 열기로 개설된 길은 시 「궤도」의 종연이 말해주고 있듯이 '지는 듯 이기는 길/죽는 듯 사는 나라로/달려가는 궤도'로 제시되고 있다. 예시에서 '죽는 듯 사는 나라'는 시사한 바가 크다. 그것은 죽는 듯 '사는 나라'이기 때문인데 '죽는 듯 사는 나라'가 시사하고 있는 나라가 구원의 세계일 수 있기 때문이다. 그리고 이러한 나라는 기지의 세계가 아닌 미지의 세계에 존재하는 천상계와 같은 세계라 할 수 있다. 시 「하늘과 땅」에서 '아래를 차내 버리고/위로 솟구쳐 오르려/로켓엔진에 불꽃이 튀리/누가 챙겨준 연료인지'가 보여주고 있는 상승궤도는 앞의 시가 설정해준 '죽는 듯 사는 나라'로 가는 길이 상승궤적의 천상계임을 묵시적 이미지로 제시하고 있다고 보여지기 때문이다. 이로써 알 수 있듯이 시집 1부에 수록된 시편들은 통로 열기, 궤도 설정하기를 상승지향 궤도로 제시함으로써 구원의 길과 동궤의 것임을 알 수 있게 해준다.

시집 2부에 의하면 상승궤도를 통해 올라간 세계가 제시되기에 이른다. 시 「진리의 나라」에서는 '가장 성스러운/가장 완벽한/전능의 통일장'으로 분열·갈등·시기·배타·분화가 없는 통일장의 전능계로 제시되고 있는데 구원의 세계의 궁극인 천당과 동류항의 세계로서 같은 시 4행에 의하면 '영생을 잃지 않게' 해주는 영생의 세계다. 그러면서 '완성은 하늘 영광'이라고 시 「미완성」은 노래하고 있다. 그리고 시 「평행우주」에서는 '위로의 평행우주/평화의 팽창우주/본고장에 이르는 통로이지'로 '평행우주', '팽창우주'가 '본고장에 이르는 통로'라고 수평구조를 통해 다다를 수 있는 '본고장'을 천상계로 설정, 하늘나라가 본향임을 다시 한번 강조해 주고 있다.

시집 3부에서는 '별빛 유난한 하늘'과 '예부터 꿈꾸던 사다리'라는 상승 이미지를 동원, 승천의 길을 놓아주고, '사다리 주인이/언젠가는 찾아 내려와/길동무가 되어 주겠지'라고 길동무가 되어 천상계에 오르는 소천의 길 아니면 승천의 길, 아니면 구원의 길로 구원자와 함께 사다리를 오르는 것으로 제시되고 있다. 구원의 시사이자, 구원에 이르는 길, 구원자와의 동행을 통해 승천의 길이 구체화하고 있음을 시 「시간 맞추기」는 보여주고 있다. 그런가 하면 시 「변명」에서는 '심장엔 의로운 피가 흐르리'라고 영생을 시사하고, 천사를 모시고 육신을 소멸, 영혼으로 사는 영생을 읽게 해준다.

이상 시집에 수록된 시편들은 통로 열기를 통해 천상계에 이르는 도정과 천상에서의 영생을 보여줌으로써 구원의 길안내 역을 「바람개비」의 풍향계로 제시해 주고 있다고 보여진다. 그리고 이러한 구원의 세계 열기는 기지 세계에서는 실현될 수 없는 미지의 세계에서만이 실현될 수 있다는 점에서 미지에의 신앙, 곧 시인은 신앙인이어야 한다는 시인의 신앙의 실현을 보여주고 있어 신앙의 궁극 실현을 시의 실천으로 제시해 주고 있다. 또 하나의 시역으로 제시될 수 있는 것이 동경의 세계지향이다.

3. 동경의 세계지향

시를 일컬어 최상의 행복, 최선의 정신, 최량 최고의 행복한 순간의 기록이라고 피력한 것은 셀리다. 그런가 하면 임어당은 결단하고 말해버린다. 그가 말하는 것은 인간에 관한 고통·상심·동경을 이야기한다고 피력한 바 있다. 이 피력에서 방점을 찍고 싶은 것은 '동경'이다.

동경은 무엇인가를 그리워하고 생각함을 말한다. 스스로가 설계한 이상에 대하여, 이루고자 한 일에 대하여, 실현하고 싶어하는 바에 대하여 마음이 팔리고 그것을 실현하고자 하는 일종의 정신 지향이나 욕망 실현이 동경이다.

동경의 시적 풀이는 다양하다. 낭만주의 시가 지양한 바에 따라 여러 유형으로 동경의 양태를 분류 내지 양태화해 볼 수 있기 때문이다.

동경의 양태에 따라 수직동경·수평동경, 내적동경 등으로 제시해 볼 수 있는데 수직동경은 통시적 동경, 곧 시인이 이상하는 바에 따라 천상 지향을 궁극으로 하는 상승지향 동경과, 분화 없는 영원한 합일로서의 태초이자 원초적 하향지향을 수직동경이라 할 수 있다. 수평지향 동경은 자연의 초절경이나 이국취향을 그리는 엑조티시즘을 수평적 동경에 편입시킬 수 있다. 그리고 내적동경은 이성 간의 사랑을 정신적 사랑으로 고양시켜 이상화, 육체는 소멸하고 정신만 남는 사랑의 이상화를 내적동경이라고 한다.

이원로 시인의 시적 동경은 수직구조의 동경에서 시를 출발시키고 있다고 보여진다.

느끼지 못하고
알지 못하니
누가 그러는지야
더 까마아득하지
　　　　　　　　- 「까마아득하지」 3연

'까마득한 저쪽'은 미지의 세계이면서 미지의 세계이기 때문에 알고 싶어 하는 동경의 세계지향은 수평구조를 보여주는 동경으로 제시될 수 있다.

> 그때의 해변 산책이
> 못내 그리워서 수도 없이
> 다시 돌아가 그의 눈빛을
> 수평 위에 그리고 그려보리
>
> 시공간의 얽힘으로
> 바람을 타고 빛살에 실려
> 어디까지나 달려가리
> 언제까지나 날아가리
> － 「시간의 얽힘」 1, 2연

예시도 역시 수평동경을 보여주고 있는데 무한 질주나 무한 비상으로 달려가고 날아가 닿고자 하는 수평지향의 동경이다. 이러한 막연한 상상의 세계는 수직 상승으로 제시되기도 한다.

> 끝날 것 같지 않던 게 끝나고
> 끝날 듯 같던 게 끝나지 않으리
> 영원한 기쁨의 나라로 가는 길이지
> － 「그때가 언제이지」 종연

예시의 시행 '영원한 기쁨의 나라'는 지상낙원인 초절경의 이상적 지향이 아닌 천상적 낙원인 구원의 세계를 말해주고 있어 수평구조의 동경을 상승구조로 이동한 것이 된다. 이러한 이동은 종국에 가서는 천상적 낙원인 '그리는 나라'인 이상향에 이르게 되는 수직구조의 절정에 이르게 된다.

> 빛 속으로 더 가까이
> 들어가 만져 보려나
> 빛에 실려 높이 날다 보면
> 그리는 나라에 이르게 되리
> 　　　　　　　　　－ 「봄바람」 종연

시행 '빛에 실려 난다'는 빛을 향해 나는 상승 이미지다. 그리고 이미지의 궁극은 '그리는 나라' 이상형인 천상계가 되어 줌으로써 수직동경의 끝에 가 닿게 되는 동경의 수직구조를 제시한 것이 된다.

이상에서 볼 수 있듯 동경의 세계는 수평동경과 수직동경 구조가 중심에 놓여 있다. 수직구조 중 하강지향 동경이 발견되지 않는 것은 화자의 종교적 신념과 무관하지 않을 듯싶다. 미지와 동경의 종교적 묵시지향과 하강지향의 악마적 이미지는 상충되기 때문인데 이는 이원로 시인의 시가 주로 전자적 정신의 산물임을 말해주는 것이 된다.

이외에도 시적 구조가 양극화를 거의 예외 없이 보여주고 있는데 그 발상이 컨시트에 의존되고 있어 신선한 충격을 체험하게 해주고 있다. 이 부분의 조명을 시도한다면 매우 양질의 평설로 기여할 듯싶다는 점을 부언해 두고 싶다.

4. 결어

이상의 조명들은 이원로 시인의 시를 미지에의 통로 열기와 동경의 구조를 중심으로 언급한 것들이다. 전자의 미지에의 통로 열기는 시인이 종교적 신념에서 시를 출발시킴으로써 구원에 이르는 길을 열어 천상계에 가 닿게 함으로써 시로써 실천할 수 있는 신념 실현에 값할 것으로 보아줄 수 있다.
그리고 동경구조의 시편들은 지상에서의 이상향 추구라고나 할까, 실현하고 싶은 이상향에의 향수라고나 할까. 정신적 향수를 시로써 충족하고 실현하고 싶은 일단의 정신지향으로 보아줄 수 있을 것이다. 이 점 미지의 세계와 동경의 세계지향이 한 뿌리에서 태어난 두 얼굴로 제시됐다고 할 수 있고, 이는 달리 화자의 종교적 신념과도 등가성을 갖는다고 보아줄 수 있을 것 같다. 그리고 이번 시집으로 거둔 시적 성과는 이 점으로 제시될 수 있을 것으로 본다. 두 시역에의 충실로 거둔 시집의 성과에 박수를 보내고 싶다.

About the Author

Lee Won-Ro

Poet as well as medical doctor (cardiologist), professor, chancellor of hospitals and university president, Lee Won-Ro`s career has been prominent in his brilliant literary activities along with his extensive experiences and contributions in medical science and practice.

Lee Won-Ro is the author of fifty five poetry books along with thirteene anthologies. He also published extensively including ten books related to medicine both for professionals and general readership.

Lee Won-Ro`s poetic world pursues the fundamental themes with profound aesthetic enthusiasm. His work combines wisdom and knowledge derived from his scientific background with his artistic power stemming from creative imagination and astute intuition.

Lee Won-Ro`s verse embroiders refined tints and serene tones on the fabric of embellished words.

Poet Lee Won-Ro explores the universe in conjunction with

his expertise in intellectual, affective and spiritual domains as a specialist in medicine and science to create his unique artistic world.

This book along with "Countdown", "On the Road", "Winter Gift", "Fair Winds", "Spiral Staircase", "The Watershed", "The Seed of Eternity", "Milky Way In DNA", "Signs of Recovery", "Applause", "Invitation", "Night Sky", "Revival", "The Promise", "Time Capsule", "The Tea Cup and the Sea", "The Tunnel of Waves", "The Tomorrow within Today", "Our Home", "The Sound of the Wind", "Flowers and Stars", "Corona Panic", "Chorus", "Waves", "Thanks and Empathy", "Red Berries", "Dialogue", "A Mural of Sounds", "Focal Point", "Day Break", "Prelude to a Pilgrimage", "Rehearsal", "TimeLapse Panorama", "Eve Celebration", "A Trumpet Call", "Right on Cue", "Why Do You Push My Back", "Space Walk", "Phoenix Parade", "The Vortex of Dances", "Pearling", "Priming Water", "A Glint of Light", "The River Unstoppable", "Song of Stars", "The Land of Floral Buds", "A Flute Player", "The Glow of a Firefly", "Resonance", "Wrinkles in Time", "Wedding Day", "Synapse", "Miracles are Everywhere", "Unity in Variety" and "Signal Hunter" are available at Amazon.com/author/leewonro or kdp.amazon.com/bookshelf(paperbacks and e-books).

글쓴이

이원로

시인이자 의사(심장전문의), 교수, 명예의료원장, 전 대학교총장인 이원로 시인은 월간문학으로 등단, "빛과 소리를 넘어서", "햇빛 유난한 날에", "청진기와 망원경", "팬터마임", "피아니시모", "모자이크", "순간의 창", "바람의 지도", "우주의 배꼽", "시집가는 날", "시냅스", "기적은 어디에나", "화이부동", "신호추적자", "시간의 주름", "울림", "반딧불", "피리 부는 사람", "꽃눈 나라", "별들의 노래", "멈출 수 없는 강물", "섬광", "마중물", "진주잡이", "춤의 소용돌이", "우주유영", "어찌 등을 미시나요", "불사조 행렬", "마침 좋은 때에", "나팔소리", "전야제", "타임랩스 파노라마", "장도의 서막", "새벽", "초점", "소리 벽화", "물결", "감사와 공감", "합창", "코로나 공황", "대화", "빨간 열매", "꽃과 별", "바람 소리", "우리집", "오늘 안의 내일", "파도의 터널", "찻잔과 바다", "타임캡슐", "약속", "소생", "밤하늘", "초대장", "박수갈채", "회복의 눈빛", "DNA 안 은하수", "영원의 씨", "분수령", "나선계단", "순풍", "겨울 선물", "길 위에서", "카운트다운" 등 56권의 시집과 13권의 시선집을 출간했다. 그는 전공 분야의 교과서와 의학 정보를 일반인들에게 쉽게 전달하기 위한 실용서를 여러 권 집필했다.

이원로 시인의 시 세계에는 생명의 근원적 주제에 대한 탐색이 담겨져 있다. 그의 작품은 과학과 의학에서 유래된 지혜와 지식을 배경으로 기민한 통찰력과 상상력을 동원하여 진실하고 아름답고 영원한 우주를 추구하고 있다. 그의 시는 순화된 색조와 우아한 운율의 언어로 예술적 동경을 수놓아간다.

이원로 시인은 과학과 의학 전문가로서의 지성적, 감성적, 영적 경험을 바탕으로 그의 독특한 예술 세계를 개척해가고 있다.

이 시집을 비롯하여 "카운트다운", "길 위에서", "겨울 선물", "순풍", "나선계단", "분수령", "영원의 씨", "DNA 안 은하수", "회복의 눈빛", "초대장", "밤하늘", "소생", "약속", "타임캡슐", "찻잔과 바다", "파도의 터널", "오늘 안의 내일", "우리집", "바람소리", "꽃과 별", "빨간 열매", "대화", "코로나 공황", "합창", "물결", "감사와 공감", "소리 벽화", "초점", "새벽", "장도의 서막", "타임랩스 파노라마", "전야제", "나팔소리", "마침 좋은 때에", "어찌 등을 미시나요", "우주유영", "불사조 행렬", "춤의 소용돌이", "진주잡이", "마중물", "섬광", "멈출 수 없는 강물", "별들의 노래", "꽃눈 나라", "피리 부는 사람", "반딧불", "울림", "시집가는 날", "시냅스", "기적은 어디에나, "화이부동", "신호추적자", "시간의 주름" 등은 아래에서 구입할 수 있다.

Amazon.com/author/leewonro와 kdp.amazon.com/bookshelf(paperbacks and e-books)

바람개비
Weather Vane

2025년 2월 5일 인쇄
2025년 2월 15일 발행

지은이 / 이원로
발행인 / 박진환
펴낸곳 / 조선문학사
등록번호 / 1-2733
주소 / 03730 서울 서대문구 통일로 389(홍제동)
대표전화 / 02-730-2255
팩스 / 02-723-9373
E-mail / chosunmh2@daum.net

ISBN 979-11-6354-325-1

정가 10,000원

* 인지는 저자와 합의 하에 생략
* 잘못된 책은 서점에서 교환해 드립니다.